TODO LO QUE ODIAS DE TU SIGNO (Y TODAVÍA NO SABES)

ACUARIO

TODO LO QUE ODIAS DE TU SIGNO

(Y TODAVÍA NO SABES)

ACUARIO

Una guía para sobrevivir a ti mismo

temas de hoy

Edición a cargo de Charas Vega
Corrección de estilo a cargo de Alba Armario

© 2023, Estudio PE S.A.C.
Desarrollo editorial: Anónima Content Studio
Redacción: Catalina Torres-Benjumea / María José Fermi
Cuidado editorial: Equipo Editorial Anónima Content Studio
Diseño: Anónima Content Studio / Lyda Sophia Naussán R.
Imágenes de interiores: © FreePik
Ilustración de la cubierta: Anónima Content Studio / Sheila Norma
Alvarado Peña

Primera edición en español:
© 2023, Editorial Planeta Mexicana, S.A. de C.V.
Bajo el sello editorial DIANA M.R.

© Editorial Planeta, S. A., 2024
    temas de hoy, un sello editorial de Editorial Planeta, S. A.
    Avda. Diagonal, 662-664, 08034 Barcelona (España)
    www.planetadelibros.com

Primera edición en esta presentación: septiembre de 2024
Segunda impresión: noviembre de 2024
ISBN: 978-84-19812-84-1
Depósito legal: B. 12.105-2024
Composición: Realización Planeta
Impresión y encuadernación: Huertas Industrias Gráficas, S. A.
Printed in Spain - Impreso en España

«No tenemos que avergonzarnos
de coquetear con el zodiaco.
Vale la pena coquetear
con el zodiaco.»
D. H. LAWRENCE

ÍNDICE

PRÓLOGO

No os voy a mentir, la mayoría de las veces los Acuario son un misterio. Es difícil cazarlos, son un signo enigmático, de ahí los memes que los comparan con los aliens. Por eso mismo este libro es tan importante para mí, para entenderlos un poco más.

Cuando hablamos de Acuario lo primero que nos viene a la mente (al menos a mí) es la canción *The Age of Aquarius* —o la increíble versión de Raphael, *Era de Acuario*—, así que habría que empezar por ahí. La era de Acuario, que se inició a mediados del siglo XX, es la era del conocimiento, de una humanidad menos individualista, la de una nueva libertad de los cuerpos y de las mentes. Acuario representa estos ideales, esta rebeldía y motor de cambio.

Es un signo de aire, de modalidad fija, su parte del cuerpo son los tobillos y su posición en la rueda del Zodiaco es la decimoprimera. ¿Qué significa esto? Pues ahora te lo cuento.

Ser un signo de aire hace que Acuario se mueva en el mundo de las ideas, de la filosofía y de los valores, operan en otra frecuencia. Su modalidad fija hace que sean, sin embargo, estables, persistentes y tenaces en sus objetivos.

Estar en la posición número once habla de su momento vital, que es justo la etapa de madurez antes de la vejez, cuando ya te has jubilado, ese momento de libertad antes de marchitarse del todo.

Parecen ser distantes, pero son sensibles en la intimidad. También se ha descrito a Acuario como el signo del genio. Yo me quedaría con esto último para continuar con mi vida, la verdad.

Charas Vega (@charcastrology)

INTRODUCCIÓN

Todos hemos escuchado hablar de los horóscopos. Están en nuestra vida diaria, casi casi en nuestro ADN: que tu amiga comenzó a salir con un Piscis, que tu jefe resultó ser Leo o que por alguna razón eres muy organizada, y casualmente eres Virgo. Pero hay más que eso. La astrología influye en ti y tus relaciones con el universo en general.

En este manual para la vida te invitaremos a reconocerte en aquellas cosas que odias de tu signo (y todavía no sabes). Creemos que en la oposición están también las fortalezas; en reconocer lo que somos y lo que no. Hacer tuyo todo esto te hará mejor. ¿No es así, Escorpio? ¿Te suena, Acuario? Así que hemos recopilado todo aquello que no quieres reconocer y te lo hemos dejado bien clarito para que no te quepan dudas y puedas interactuar mejor con los demás y, por supuesto, contigo mismo.

Unas cuantas reglas de este universo

Te pedimos que dejes la lógica afuera —va para los Virgo—, y que después de leer esta guía analices tu vida, intercambies ideas y opiniones —sigue tu propio ejemplo, Géminis—. Lo que deseamos es que no te inventes historias en la cabeza; si eres Cáncer, ese mensaje es para ti, claramente. ¡Haz caso a las estrellas y déjate llevar!

Pero antes de empezar te pedimos que no dejes que nuestro tono sarcástico o nuestra ironía afecte tu sensibilidad, hay que tener sentido del humor en esta vida; hay que aprender de Sagitario. Nosotros hemos gozado escribiendo este manual de vida desde el humor negro. Primero, porque esa es una estrategia para afrontar mejor el estrés o algunos eventos críticos de la vida. Segundo, porque ayuda a reconocer cuando te equivocas —toma nota, Aries—. Y tercero, porque simplemente es más divertido hacerlo así.

El escritor estadounidense Mark Twain —típico Sagitario— lo definió de este modo: «El ser humano solo tiene un arma efectiva: el humor». A lo que el poeta francés Jean de Santeul —otro Sagitario— añade: *Castigat ridendo mores,* es decir: «Corrige las costumbres riendo». Así que nos lo hemos tomado en serio y en esta guía te mostraremos un camino que va por ese lado.

LOS 12 SIGNOS DEL ZODIACO

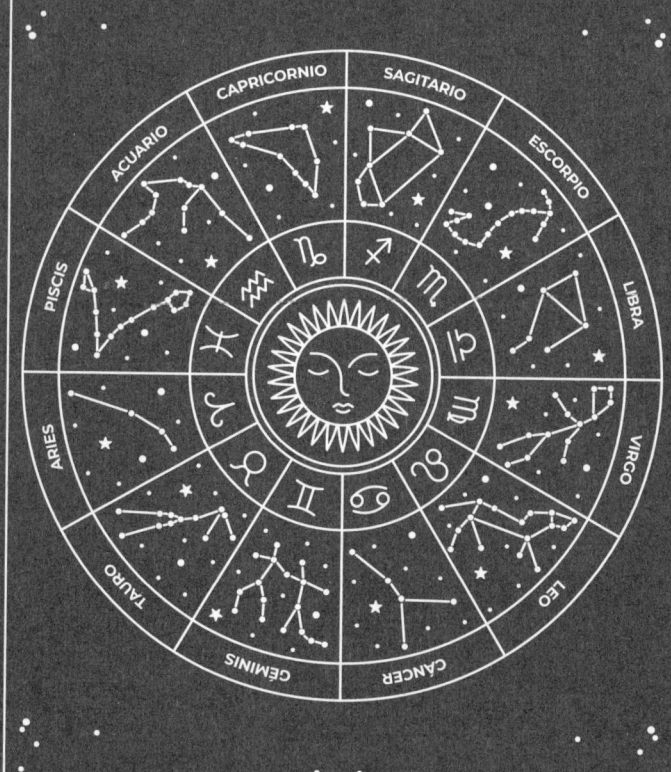

Este no es uno de esos libros de horóscopos que romantiza la astrología y solo ve lo bueno de los signos, ese que ya tanto conoces y que has leído desde siempre. Aquí te vamos a decir «lo rudo» de los signos, por así decirlo. La verdad salvaje de cada uno, sin anestesia. Mejor dicho, este es un ANTIHORÓSCOPO: una guía de todo lo que no son, y que en realidad los pinta de cuerpo entero. Agarraos que allá vamos.

ARIES

21 de marzo–19 de abril

Aries, tú no conoces el límite. Con tu cornamenta lo empujas siempre para demostrar que puedes hasta con lo inalcanzable, incluso si acercarte a las llamas significa que puedas quemarte de vez en cuando. Eres puro fuego, pasión e impulso. ¿Ser uno más de la manada? Imposible. ¡Jamás! Tú no naciste para seguir al resto, sino para liderar.

Elemento: Fuego - **Regente:** Marte

TAURO

20 de abril–20 de mayo

Tauro, tú no naciste para sufrir. Eres un gozador nato. No entiendes cómo hay gente que no disfruta todos los placeres de la vida a cada momento, en cada instante. Aunque puedas parecer muy hedonista, la realidad es que —como buen toro— tienes los pies sobre la tierra. Eres confiable y estable. Eso sí, lo testarudo nadie te lo quita.

Elemento: Tierra - **Regente:** Venus

GÉMINIS

21 de mayo–20 de junio

Arriba o abajo. Blanco o negro. Amor u odio. Géminis, a ti el punto medio te da alergia. A ti lo que te gusta son los extremos, puedes pasar de un extremo al otro como quien cambia de ropa interior a diario. Te habita un par de gemelos que van a su estilo, los dos muy guapos, hermosos; ellos son los reyes de la calma y de las buenas bromas.

Elemento: Aire - **Regente:** Mercurio

CÁNCER

21 de junio–22 de julio

Cáncer, tú que odias la inestabilidad y las ambigüedades, siempre estás listo para zambullirte en el mar de emociones que es la vida. ¿Viene una ola de alegría? Ahí estás. ¿Viene una ola de tristeza o mal humor? ¡Caparazón, para eso te tengo! La intuición pocas veces te falla, por eso eres el consejero del zodiaco, aunque tu sensibilidad a flor de piel a veces te traiciona.

Elemento: Agua - **Regente**: La Luna

LEO

23 de julio–22 de agosto

Confiesa, Leo, cuando entras en una habitación piensas para ti: «Abran paso a su alteza, rey de la selva, primero de su nombre, señor de las constelaciones y protector de todo el reino zodiacal». Y es que naciste para brillar y liderar. Aunque a veces ese poder se te suba a la cabeza y reines en la oscuridad de tu propia soberbia.

Elemento: Fuego - **Regente:** El Sol

VIRGO

23 de agosto–22 de septiembre

Vamos a delatarte, Virgo. No hay nada que te saque más de quicio que te cambien los planes. Tú no dejas nada fuera de orden, eres amante de las hojas de Excel y las agendas. Si de último minuto te cancelan una cita, no hay poder humano que te haga aceptar otra. Tienes un espíritu eficiente y perfeccionista que no puedes con él.

Elemento: Tierra - **Regente:** Mercurio

LIBRA

23 de septiembre–22 de octubre

Que no te pidan enfrentar un conflicto o tomar una decisión radical, Libra. Tú eres el amo y señor de los matices. Te sientes cómodo moviéndote en un sinfín de tonos grises. Como buena balanza que eres buscas el equilibrio, pero sueles tener respuestas que no son «ni fu ni fa». Ahora bien, lo que te sobra de indeciso lo tienes de sobra en acto y espíritu conciliador.

Elemento: Aire - **Regente:** Venus

ESCORPIO

23 de octubre–21 de noviembre

Ni olvido ni perdón. Los que dicen que los monstruos no existen no te conocen enfadado, Escorpio. Y una vez que clavas el aguijón no hay vuelta atrás. No hay disculpa que valga; «ojo por ojo y diente por diente» es tu ley. La memoria es tu aliada, pues tampoco olvidas los buenos gestos que otros han tenido contigo. Magnético y pasional, andar a tu lado es abrazar el misterio y saltar al vacío sin saber si el paracaídas abrirá o no.

Elemento: Agua - **Regente:** Plutón

SAGITARIO

22 de noviembre–21 de diciembre

No tener planes no es lo tuyo, Sagitario. Quedarte quieta o quieto, tampoco. Los días duran 24 horas, pero los tuyos tienen 30. Si no tienes nada que hacer, te lo inventas. Eres pura aventura, vives para intentar cosas nuevas: viajar a lugares desconocidos, degustar platos exóticos y probar cuanta posición en la cama tu cuerpo te permita.

Elemento: Fuego - **Regente:** Júpiter

CAPRICORNIO

22 de diciembre–19 de enero

Para ti, Capricornio, no existe peor pecado que no cumplir una promesa. La palabra es palabra; si no, palmada. Tú ordenas tu mundo con una línea imaginaria que divide todo lo que está bien de lo que está mal y más les vale —¡y a ti también!— estar del lado correcto. Si la vida es una montaña, tú naciste para treparla y llegar a la cima, aunque cueste sangre, sudor y lágrimas.

Elemento: Tierra - **Regente:** Saturno

ACUARIO

20 de enero–18 de febrero

¿Seguir las reglas del juego? Eso nunca. Las pautas y normas no se inventaron para ti, Acuario. Tú estás lejos de ser casto y puro. Eres libertino y cuestionas hasta el cansancio. Buscas nuevos caminos para innovar y, ¿por qué no?, liberar todo aquello que consideras injusto. Lo que tienes de audaz e intrépido, también lo tienes de impredecible y esquivo.

Elemento: Aire - **Regente:** Urano

PISCIS

19 de febrero–20 de marzo

A ver si Piscis nos presta atención. Deja tu realidad paralela un segundo, por favor. Sabemos que no te gusta sentirte preso y que tu respeto por las convenciones es tan abstracto que dejas que todo fluya por otro lado. Si las cosas se ponen difíciles, te esconderás entre los corales; pero cuando estés preparado, ¡vaya!, saldrás a la superficie para dar un coletazo si te desafían.

Elemento: Agua - **Regente:** Neptuno

ACUARIO

EL QUE USA EL

HUMOR DESPIADADO

PARA NO MOSTRAR

LO QUE

sí siente.

ANIMAL

A ti te representa una aguadora, un ser que tiene una jarra de agua en las manos y está inclinado hacia adelante regando su contenido. Una interpretación babilónica lo relaciona con el Diluvio Universal (que, por cierto, no le vamos a perdonar a Noé que haya salvado a las cucarachas). Otra creencia romana asegura que es la lluvia que alivia las sequías y riega los cultivos, relacionando este periodo con la buena fortuna.

Pero vamos a los griegos, que parecían más conectados con la astrología. A esta constelación la vinculan con Ulises (Odiseo), el rey de Ítaca, quien en la guerra de Troya tenía la jarra de los vientos, un regalo del dios Eolo para no perder la guerra. Y tiene más sentido que sea una jarra de vientos, ya que eres el último signo de aire, y aunque eres sensible, te guías más por los pensamientos que son aire puro.

CONSTELACIÓN

De todo el zodiaco esta es una de las constelaciones más antiguas. Los sumerios decían que era el honor que le hacían al dios An, que derrama la inmortalidad en la tierra, sin demasiada efectividad desde nuestro punto de vista. Otra teoría dice que representa a Ganimedes, hijo del rey de Troya. Y ya sabemos que el ADN de esta familia era una cosa seria. Zeus, que está enamorado de todo lo bello, quedó obsesionado con la belleza de este joven y lo volvió constelación. Todo esto para decir que son un montón de estrellas que no parecen un humano ni una jarra vertiendo agua, pero es, sin duda, una constelación hermosa.

SÍMBOLO

Dos líneas paralelas en forma de zigzag, totalmente simétricas, que pueden representar el agua de una piscina, del mar o de un río. Pero también dicen que es la imagen del aire, que si los sumamos nos dan un huracán, y podríamos asegurar que tiene mucho sentido compararte con un fenómeno natural. En muchos casos la gente te confunde con los signos de agua porque las historias mitológicas tenían mucho que ver con lo que pasaba en la naturaleza, y enero y febrero son meses de lluvia. O lo eran, porque con esto del calentamiento global todo se pone muy difícil, así como definirte a ti.

PLANETA REGENTE

Era Saturno, pero después de que descubrieran Urano, en 1781, tenía más sentido que este fuera tu planeta, porque es el responsable de los cambios repentinos e inesperados y también de la libertad y la originalidad. Estos ingredientes, sumados a la radicalidad de tus pensamientos, solo pueden resultar en ti, un revolucionario en el campo que escojas. Tu función es romper los esquemas, no es que quieras llamar la atención, es que simplemente naciste así. Urano es el planeta que rompe la realidad como típicamente la concebimos —nosotros, no tú—, es quien le hace la vida miserable a Saturno, aquel que construye, planea y regula.

Urano es el que reforma, crea y mejora, es el planeta de las tecnologías y también el encargado de destruirnos las verdades absolutas que con tanto esmero hemos inventado para vivir en orden. Acuario, a ti no se te despeina ni un pelo porque estás acostumbrado a ser un huracán rugiente que entra sin hacer mucho ruido, pero ese silencio es tan peligroso como el de los niños pequeños: cuando están en silencio es porque algo traman, o peor, ya están poniendo el mundo del revés.

ELEMENTO

¡Que no eres de agua! Tenemos que decirles a todos que el hecho de que te represente un jarro con agua, que seas ACUARIO, o que tu glifo parezca las olas del mar, NO quiere decir que seas agua. Eres aire, emocionalmente reservado, por no decir que andas en un universo paralelo que queda en tu cabeza y te cuesta mucho conectar con la emocionalidad o los mocos de otra persona. Hasta parece que eres frío y distante, pero es que vives más tiempo en ti que afuera. El idioma de los otros humanos casi no lo practicas.

Tienes un carácter fácil de llevar la mayor parte del tiempo: amable, soñador, con la capacidad intelectual de cambiar el mundo, pero con la atención distraída. Eres superindependiente y autónomo, te mandas solito y no soportas ni una prenda que te apriete, mucho menos una persona que te pida cuentas de tus acciones. Tienes un gusto estético impecable que no se parece al de nadie.

Otra de las características que te otorga tu elemento es comprender a la perfección a los demás y ver realmente el alma de las personas. Tú eres ese signo del zodiaco que los ve a todos como iguales, para ti no hay jerarquías. De hecho, en tu mente ya has creado un par de utopías donde la desigualdad, la pobreza y miles de problemas más que aquejan a la humanidad, no existen desde hace mucho.

Claro, como no todo puede ser color de rosa, debemos decir que tu elemento también te otorga un poco de presunción. Te crees tan inteligente, que llegas a pensar que este mundo no te merece. Y no lo decimos como algo despreciable, tú realmente crees que no encajas en esta visión del mundo que la sociedad ha creado. Eres diferente y, de vez en cuando, te pesa no encajar.

PERSONALIDAD

¿QUÉ NO ERES, ACUARIO?

Aunque sabemos que no eres hipersensible ni celoso, a veces no es tan sencillo entender lo que sí eres. Tienes aire, mucho, pero incluso así te cuesta comunicarte, primero porque vives muy ocupado en tu mundo interior y se te hace difícil ver fuera de tu cabezota; además, como eres tan reservado con tus sentimientos, el otro no tiene manera de saber si es correspondido o no. Es muy difícil leer tus acciones... otro signo sin manual, pero al mismo tiempo eres sensible a las causas sociales y te mueres de amor cuando, por ejemplo, ves sonreír a alguien porque le has alegrado el día con uno de tus comentarios.

Acuario, el aire al que no le gusta tanto socializar

Eres un ser que fluye entre la gente y les caes bien a todos los que están escuchándote, pero este derroche de amabilidad y desparpajo solo dura si estás compartiendo tus ideas y aprendiendo de los demás. Mientras que Géminis se siente superior dentro de conversaciones frívolas o al compartir cotilleos, a ti se te duerme el cerebro y no sabes cómo mantenerte en una conversación aburrida, no hay nada más parecido al infierno para ti que una dinámica de integración en cualquier aspecto de tu vida.

Acuario, el que no tiene pensamientos lineales

Tienes una mente superanalítica, pero tu defecto, o virtud, es que todo lo ves de otra manera, no tienes un pensamiento común como los mortales. Eres de los que leen un libro y no están de acuerdo con lo que dice el resumen. Procesas distinto, encuentras significados diferentes en las mismas historias. Mientras el mundo lee una novela sobre el conflicto nacional de un país, a ti se te queda en la cabeza el proceso de desamor que sufre el protagonista. Pero como además de ser brillante tienes el don aéreo de la adaptabilidad,

tus ideas totalmente diferentes, sin relación aparente, suelen ser la solución a la pobreza del mundo y la paz mundial... al menos en tu mente.

Acuario, el que no sigue las reglas

Tienes un problema con todas las autoridades y más si representan la tradición y la convención. Incluso en cómo te vistes rompes las reglas: te da por mezclar colores que toda la vida nos han dicho que no combinan; los pasatiempos que te gustan son totalmente inusuales, parece que los hayas inventado, pero lo que realmente pasa es que te esmeras por conseguir ser diferente y no quieres pertenecer al montón. Eres muy raro, pues al mismo tiempo te arriesgas a ser abierto y a dejar de hablar de «yo» para empezar a ser «nosotros». ¿Contradictorio? Sí. ¿Cierto? También.

DEFECTOS

Eres muy terco y tienes el agravante de ser más rebelde que los otros signos de aire: Libra y Géminis. No
te gusta seguir las normas y te inventas una variación
de todo; no te gusta estar atado a ninguna autoridad.

Acuario, libre como el viento, independiente como
pocos. A veces pareces una cálida y suave brisa, pero
en otras te conviertes en un huracán, sobre todo cuando tu curiosidad volátil te lleva a lugares y situaciones
inesperadas. Tanto que si no tienes cuidado podrías
terminar perdiendo toda tu energía.

Todo está bien, faltan dos días para ir a ese viaje
planeado desde 2003. Y de un momento a otro apagas
el móvil y te desconectas del mundo, nadie te ha hecho nada, no has tenido ningún problema con nadie.
Eres impredecible y es tu marca personal.

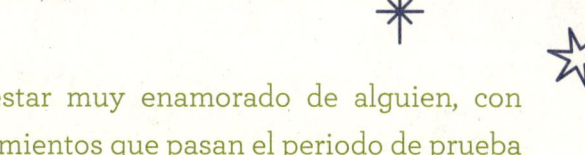

Puedes estar muy enamorado de alguien, con esos enamoramientos que pasan el periodo de prueba de los tres meses, pero eres tan reservado con tus sentimientos que hasta se te olvida contarle al otro que sí que lo quieres todo y más. Ese es tu lado oscuro, a ti hay de decodificarte, interpretarte y hasta preparar un diccionario por si hay dudas. La piedra de Roseta fue más fácil y rápida de traducir, y eso que estaba en tres escrituras distintas: jeroglíficos egipcios, lengua demótica y griego antiguo. Todas muertas hace siglos, por cierto.

Eres ambicioso, tienes ideas maravillosas que solucionarían todos los problemas del mundo, pero tienes una enfermedad gravísima: la procrastinación se apodera de ti y no te deja brillar como realmente lo harías.

LO QUE TE HACE SUPERIOR

Tus metidas de pata frecuentes tienen que ver con el descuido hacia el mundo. Y no es que no te importe la vida de los otros, al contrario, te encanta que la sociedad sea mejor cada día. Pero vives tan dentro de tus pensamientos que no te comunicas, haces *ghosting* sin siquiera saberlo y, por si esto fuera poco, eres frío como un invierno canadiense. Tu cabeza es tu lugar favorito en el mundo y es poco probable que encuentres a alguien con quien quieras compartir todo lo que almacenas mentalmente. Sin embargo, cuando te da por compartir, los dejas a todos atónitos con las mejores ideas, las más innovadoras, las más *edgy*, *avant-garde*. Y no es solo eso, sino que están tan estructuradas que podrían ser el mejor plan de negocios que cualquier emprendedor haya visto.

TU PEOR INSULTO

- Que te digan que perteneces a la media.
- Que te traten con la misma frialdad que tú tratas «sin querer».
- Que te digan conservador o de mente cerrada.
- Que te digan que estás a la moda.
- Que te pregunten: «¿Dónde estabas y por qué no me llamaste?».

«EL LÍMITE NO EXISTE»

Eres la rebeldía hecha signo, nadas siempre contra la corriente y odiarías no ser así. Pero «cuando el amor llega así, de esa manera...», si conoces a esa persona que te hace perder la cabeza solo por ir a tomar café, ya sabemos que se disipa una parte importante de tu *acuariosidad*. No te importaría romper todas tus reglas por disfrutar de lo que te gusta o de quien te gusta. Pero después de un tiempo, cuando ya no puedes seguir sin volver al mundo de tu cabeza, aunque te siga gustando, tienes que alejarte y no eres bueno comunicando tus sentimientos o tus necesidades.

TU LADO *DARK*

Eres bondad pura, el ser más evolucionado del mundo mundial hasta que te encuentras a un Leo que te quiere mandar y corregir. Ellos saben cómo tocar tus botones equivocados. No lo toleras. No solo con Leo, sino con cualquiera que te diga cómo hacer las cosas. No eres nada tranquilo cuando te quieren gobernar, te vuelves irreconocible, y más cuando quieren corregir lo que no está mal: eres diferente y eso no significa que estés equivocado. Puedes llegar hasta a gritar, cosa muy rara en ti, porque aparentas ser un budista en la tierra, a quien nada le hace perder el control.

ASESINOS EN SERIE

Ser un asesino en serie no está demasiado en la naturaleza del Acuario, ya que esto le privará de uno de sus mayores placeres: la libertad. Este signo sería incapaz de soportar que alguien le estuviera persiguiendo y tener que adaptar cada movimiento a que no lo pillen. Al final se aburriría demasiado de esa vida, así que no le cunde. Además, Acuario tiende a aislarse y a romper las normas sociales, levantaría sospechas desde el primer día.

Por otro lado, es un signo muy creativo y lo más seguro es que encontrara formas originales de deshacerse de los cadáveres y de la policía. Quizá podría incluso pasarse de creativo, encontrar placer en el rompecabezas que estuviera construyendo y acabar dejando alguna huella de más. Una delicia para cualquier pódcast de *true crime* que se precie.

Robert Hansen: Un asesino que se fue a Alaska a aislarse —un comportamiento Acuario de manual— para poder cometer sus crímenes sin que nadie lo molestara. De hecho, la distancia ayudó a que tardaran bastante tiempo en pillarlo.

MODA

Los Acuario son la extravagancia personificada, lo que desde siempre se ha llamado una persona que da un poco de color a la vida.

No siguen tendencias, las crean. Su arte a la hora de mezclar estilos los convierte en las personas más propicias a acabar siendo diseñadores de moda.

Sus colores son llamativos: rosas, naranjas, azules... Bueno, todo el arcoíris. Al igual que las texturas y los estampados, no se pueden quedar con uno solo. Acuario sabe que quien no arriesga no gana.

PLAYLIST

Canciones Acuario de artistas Acuario:

- Daniel Johnston — *True Love Will Find You in the End*
- Chappel Roan — *Good Luck, Babe!*
- Girl In Red — *Did You Come?*
- Alicia Keys — *You Don't Know My Name*
- Shakira — *Te Aviso, Te Anuncio (Tango)*
- Karol G — *200 COPAS*
- Green Day — *Basket Case*
- Harry Styles — *Daydreaming*
- Kid Cudi — *Day 'N' Nite (Nightmare)*
- The Weeknd — *Hardest To Love*

PERSONAJES FICTICIOS

Phoebe, de *Friends*

Un rasgo muy destacable del signo de Acuario es que nunca sabes si no se enteran de nada o te están tomando el pelo y son más listos que nadie. Phoebe va a la suya y desde fuera parece una chica alocada con un estilo estrafalario, pero este personaje acuariano lucha por lo que cree mientras destaca (por decirlo de alguna manera) en las artes.

Remy, de *Ratatouille*

Tiene una visión de lo que revolucionará la cocina y por eso mismo sigue su pasión, aunque para ello tenga que nadar en contra de lo que se espera de él. Un genio incomprendido que se hace amigo de otro pringado. Algo te suena, ¿verdad? ¿No es la historia de superación de casi cualquier Acuario?

Donnie Darko

Muchos Acuario experimentan visiones de cambios totales —como Remy con la cocina— o premoniciones. Suelen ser los apartados de la sociedad —y del instituto—, pero, como en el caso de Donnie, eso les puede hacer más interesantes. No es casualidad que se convirtiera en un icono para todos los jóvenes que vieron la película *Donnie Darko* en los 2000.

PERSONAJES REALES

Maria Arnal

Una artista técnicamente impecable que no teme ir más allá y experimentar tanto en su puesta en escena como a la hora de utilizar la tecnología. Su segundo álbum es un claro ejemplo de una Acuario que no tiene miedo a nada y se atreve a mezclar tradición y nuevas tendencias.

Jim Jarmusch

El director norteamericano encarna una de mis variantes favoritas de Acuario: el *underground, cool,* diferente. No seguir la tendencia. Si quiere te hace una película sobre tomar café y fumar cigarrillos. Hay una manera de molar que se tiene o no se tiene, y esa es la forma de ser guay que Acuario tiene casi sin querer.

Julio Verne

Pionero de la novela de aventuras, pero, sobre todo, una persona que se aventuró a pensar más allá, a pensar en ir al centro de la tierra o a la Luna cuando a nadie se le había ocurrido aún. Revolucionó completamente el mundo literario y a día de hoy sigue siendo súper relevante e influyente.

Rocío Quillahuaman

Una de las pioneras del humor en las redes con un estilo súper único. Y eso no es lo más Acuario de Rocío. Su habilidad para observar su entorno y hacer una crítica de la hipocresía que encuentra en la sociedad es lo más acuariano que se me ocurre.

TUS MOMENTOS MÁS ODIOSOS

Tú solo ves que eres el más simpático de todos, muy original y con las mejores ideas en cada proyecto, tan inteligente que a cada pensamiento brillante le sigue uno mucho mejor que el anterior y, mientras estás aterrizando todo tu conocimiento llega otra idea, incluso mejor que las anteriores. Eres la eficiencia sobre la eficiencia.

Lo que nosotros vemos es un ser con una inteligencia indiscutible, pero muy disperso y sin autocrítica. Un líder que quiere usar todas las buenas ideas en un solo proyecto y en vez de ser fuente de armonía se convierte en confusión.

EL REGALO MENOS DESEADO

Un abrigo de piel de algún animal (y peor si está en peligro de extinción). Ya sabemos que es horrible bajo cualquier mirada, pero para ti es mortal. Eres, sobre todas las cosas, un protector de la vida, y no hay nada que te parezca más terrible que portar parte de un ser vivo que fue asesinado con fines estéticos. Acuario, serías capaz de golpear a quien se atreviera a siquiera considerar esto como un regalo de cumpleaños.

EL COLMO DE LOS COLMOS

No soportas que alguien piense que eres convencional. Tú eres el rebelde del zodiaco. ¿Cómo alguien se atrevería a verte como un simple mortal? ¿Acaso no han visto cómo vas vestido? ¿No han escuchado tus listas en Spotify? ¿No han ido a tu casa? Esas y miles de preguntas más vendrán a tu mente. Pero descuida, que siempre hay un distraído suelto en este mundo. El resto sabemos que amas lo original, tienes la creatividad a flor de piel, así como miles de ideas agolpadas en tu mente, y ninguna de ellas —déjanos decirte— es lo que los demás esperarían.

HOBBIES QUE ABORRECES

- Atletismo. Aunque te encanta el deporte, la idea de correr nada más porque sí no es tu pasión.
- Actividades de integración, especialmente las de oficina con etiquetas de tu nombre y una frase divertida que te identifique en la camisa.
- Pertenecer a un club de fans.
- Hacer bordado en fotografía.

JAMÁS TE DISCULPARÁS POR...

- Ganar todos los debates que ocurren en las sobre-mesas con tus amigos.
- Tener muchas ideas al mismo tiempo y no hacerle caso a ninguna.
- Creer que tienes la solución perfecta para acabar con la desigualdad en el mundo.
- Querer ser diferente a todos los demás.

ANTIMATCH

Después no digas que no te advertimos de estos signos, Acuario. Aquí no hay servicio al cliente insatisfecho si no sigues nuestras recomendaciones.

Tauro

Es un signo que ama quedarse quieto y ver crecer las plantas y a ti te gustan las experiencias nuevas, pues buscas sorprenderte para seguir respirando. Aunque los dos necesitáis espacios en soledad, Tauro es un árbol y no le gusta incomodarse; le encantan las rutinas y la estabilidad.

Cáncer

Quiere ser tu mamá, tu amante, tu hijo, tu espacio de soledad... es un poco abrumador para ti que una persona quiera estar en todos los aspectos de tu vida y que no entienda tu necesidad de estar solo. Además, eres bastante despistado con las exigencias emocionales de los otros, no de manera desagradable, simplemente tu cabeza no para de tener grandes ideas y no puedes ir adivinando qué es lo que el otro quiere si no lo dice.

AMOR

¿CÓMO ERES EN EL AMOR, ACUARIO?

Como eres en todos los aspectos de la vida: independiente, simpático, cordial y huidizo a la mínima demostración de presión, atadura o control. Lo primero en lo que te fijas es en que tengas suficiente espacio para ti. No puedes vivir todo el tiempo en compañía de una persona, necesitas respirar.

La lista de requisitos se va alargando, necesitas poder confiar, que haya un tipo de respeto específico, porque hasta tu respeto es diferente al de los otros mortales. Pero además de esto, tienes que sentir conexión extrasensorial y un ingenio sexual con repertorio diferente casi para cada encuentro. Y para finalizar estas pequeñas solicitudes, necesitas entretenerte a nivel intelectual porque te aburres fácilmente, típico de tu elemento.

Pero cuando te enamoras te entregas al amor sin medida, te inventas nuevos espacios para que sean únicamente de los dos. Abres tu corazón y no te guardas ni un poquito, lo das todo y se vuelve peligroso porque no tienes defensa alguna cuando la otra persona se va.

LO QUE NO HARÍAS NI POR AMOR

Como eres tan enamoradizo y el efecto del romance se te pasa tan rápido, poco a poco vas perdiendo la confianza en tus amores de una noche. Te puede encantar, ese es, no busques más, te encaja justo donde te gusta... pero si únicamente se mueve por rutinas y todo debe pasar por su agenda, prefieres irte solo a casa. Ni por amor puedes aburrirte, y aún menos dejarte imponer la rutina de otra persona. Darle gusto a alguien más y dejar de ser tú es torturarte a ti mismo, y eso no está en tus planes.

AHÓRRATE LA TERAPIA

Si ya has decidido que estás listo para compartir parte de tu vida con otro ser humano, y realmente deseas que dure porque no aguantas las rupturas, queremos echarte una manita:

- Utiliza tus habilidades comunicativas para que tu pareja entienda que no es nada personal, pero necesitas un espacio contigo mismo para procesar la vida. De lo contrario te vas a sobrecalentar y desaparecerás sin explicación alguna.
- Escoge tus batallas, no tienes que llevar la contraria por deporte; además es muy desgastante para la otra persona que ni siquiera está interesada en tener la razón como tú. Está bien no ganar siempre.
- Intenta escuchar hasta el final lo que sea que te estén preguntando para que tu pareja se sienta tomada en cuenta. Si te parece muy complejo hacerlo desde lo profundo de tu corazón, ¡finge hasta que se vuelva real!

¿CÓMO APLICAS EL *GHOSTING*?

Es parte de tu vida: estás muy interesado en una conversación y te sientes profundamente estimulado, pero te da hambre y se te olvida todo. Solo puedes tener atención plena en una cosa a la vez porque tu cabeza es demasiado rápida.

Pero si de hacer *ghosting* voluntario se trata, las personas intensas que te quieren monitorear y controlar son las primeras a las que dejas en visto. ¡No lo niegues, Acuario!

TU MEJOR LIGUE PARA UNA SOLA NOCHE

Eres muy complejo porque quieres libertad y a la vez prefieres no tomarte en serio una relación, hasta que hayan pasado los 3 meses de prueba. Sin embargo, si quieres una noche explosiva llena de sorpresas, Sagitario o Géminis tienen la energía para revolcar tu cama.

TU AMANTE IDEAL

Leo puede ser tu peor pesadilla porque también quiere conquistar el mundo, pero será el único signo que te cuide sin amarrarte, pues es lo suficientemente analítico para entender tus necesidades y darte espacios, siempre y cuando le des seguridad y lo alabes cada vez que lo veas.

¿QUIÉN ES TU PEOR AMANTE?

Aunque eres apasionado en el sexo, no estás listo para una descarga eléctrica con Aries. Después de todo, eres el más calmado de los aires y tu pasión está más enfocada en las causas sociales. Aries, por otro lado, es un torrente de pasión fogosa que quiere adrenalina pura sin acostarse de cucharita después.

A muchos les encantan los cuidados que Tauro puede tener en la cama, pero a ti no te hace ni el menor ruido una noche pasional con este signo. A este signo de tierra le encantan las rutinas en todo: en la cama, en el trabajo, en la casa, etc. Ellos tienen un plan para todo, y si cualquier detalle se sale diametralmente de lo que tenían planeado, pueden tener una crisis existencial. A ti, querido Acuario, necesitas que te dejen fluir hasta en las sábanas. Si tienes un ligue Tauro, piénsalo dos veces. ¡No digas que no te lo advertimos!

CÓMO NO ABURRIRTE, ACUARIO

Si solo pueden hablar de ellos mismos y no tienen temas intelectuales para discutir, tu cabeza se pierde en los pensamientos más raros, tu cuerpo está físicamente en la cita, pero tú estás en otro plano.

Si quieren reformarte y obligarte a creer en teorías estrictas y normas tradicionales, te espantan, no lo soportas, y ahí sale el ogro revolucionario que no se queda callado y refuta todo aquello en lo que no cree.

COMO EX ERES...

Acuario, te vas sin dejar rastro. De ser posible cambias de vida y te reinventas. Lo que nadie sabe es que eres muy sensible y te cuesta un montón recuperarte de las rupturas cuando estás verdaderamente enamorado, casi agonizas y te duelen los huesos.

La verdad es que la astrología te ha dado muy mala fama, querido Acuario. Todos creen que es muy difícil mantener una relación sólida contigo porque te gusta huir del compromiso. Estamos aquí, también, para desmentirlo. Lo que pasa contigo es que no quieres que nadie ponga barreras a tu libertad.

Ese mismo espíritu que defiende la libertad te diferencia como ex: cuando has sido tú quien puso el punto final a la relación, comprendes que la otra persona ahora está en todo su derecho de rehacer su vida sin ti. Tú jamás eres el ex tóxico y por eso eres de nuestros favoritos. ¡Bravo!

PARA QUE TE SOPORTES

Sabemos de tu rebeldía legendaria, pero si sigues estos consejos tal vez podrías entender de una vez que la vida es lo que pasa aquí y ahora. Los sueños son geniales, pero tienes que aterrizar, burbuja de aire, que te estás perdiendo de lo que sí se puede tocar.

- La realidad también tiene encantos y los defectos son parte de la vida. No tienes que estar solo, puedes compartir tus pensamientos y tus filosofías; te prometemos que en el mundo hay más personas como tú.
- Ser inteligente es un regalo que te dieron, no es algo que hayas cultivado; no te lo creas demasiado y abre el corazón para no pelear tanto, la cabeza es divertida, pero la vida no pasa ahí.

DINERO

ACUARIO Y EL DINERO

Medaigualitis Forte de 10 mg es tu medicina de todas las mañanas. Por eso le pones *mute* a todo aquel que te salga con que tienes que trabajar en tal cosa, que ser adulto significa ganar dinero y que ya basta de andar de aquí para allá con tus causas perdidas. Nunca le has pedido su opinión, así que sermones a otro lado.

Amasar una fortuna no está entre tus prioridades. El dinero te importa si, y solo si, es un medio para mantener tu independencia. Los lujos y guardar las apariencias son para los corderitos blancos del rebaño, tú eres una oveja bien negra. Eso no quiere decir que no sepas manejar tus finanzas, puede que estés en un empleo que pague poco pero que te gusta y sepas administrar bien tus fondos. Dicho esto, no te emociones demasiado con eso de abrirle la mano a cualquiera que lo necesite porque puede que el necesitado termines siendo tú mismo.

NI POR TODO EL DINERO DEL MUNDO

Tu desapego es tu sello de nacimiento y lo que te salva de los problemas. A la primera señal de contratiempos, te vas. Eres un alma libre, Acuario. Y no ha nacido la persona que te amarre a una oficina, un escritorio o un proyecto en el que no creas, aunque te pague un sueldo de millones. Tú eres aire, libre como el viento, nada te ata, nada te detiene.

TALENTOS ESCONDIDOS
PARA TRABAJOS IDÍLICOS

Ventas, *marketing*, publicidad, relaciones públicas, escritura creativa... Gira la ruleta y que salga cualquiera porque en la que sea vas a ser grandioso. Eres un charlatán, pero de los buenos; naciste con el don de la palabra y sabes cómo comunicarte. Si a eso le sumamos tu genio creativo y disruptivo, tu trabajo será tendencia.

Ya lo dijo el propio Albert Einstein: «Si buscas resultados distintos, no hagas siempre lo mismo». Y tú eres el MVP (*Most Valuable Player*) de hacer las cosas diferentes e ir contra corriente. Tu curiosidad y apertura te dan una visión distinta que, a la hora de la verdad, te ayudan a resolver problemas como ningún otro. Por eso se te dan bien las profesiones de ciencias e investigación como la biología, la medicina, la ingeniería, etc.

Eres la motivación hecha persona. Apasionado por ayudar a los demás y enamorado de aprender, inspiras a quien tengas al lado. Puedes pulirte como *personal trainer*, *coach* o tutor.

¿EN QUÉ NO
GASTAS TU DINERO?

Cualquier cosa rara, novedosa, *techie* o extravagante que aparezca no la quieres, ¡la necesitas! Así que vas por la vida gastando para el último modelo de móvil, jamás en ropa o accesorios *mainstream* o yendo a conciertos populares, ¡lo odias! Lo que tiene todo el mundo o a donde va toda la ciudad, allí no es. A ti te gusta gastar el sueldo en lo alternativo, en lo progre, lo que va contra corriente.

¿CÓMO INVIERTES, ACUARIO?

Sin pensarlo tanto, si no, ¡la cagas! Y es que a veces tu indecisión o el guiarte por las teorías financieras tradicionales pueden jugarte malas pasadas. Apóyate en tu intuición, que pocas veces te falla. Si hay un negocio o *startup* que te da un buen *feeling*, ve por ahí. Eso sí, no te dejes llevar por la especulación: suficiente incertidumbre tienes con los cambios bruscos que haces en tu vida diaria.

Tu adicción a la independencia puede traerte altas y bajas cuando de dinero se trata. Para contrarrestar la marea, guarda algunas monedas mensualmente en una cuenta de ahorro de alto rendimiento o haz un buen plan de jubilación, así podrás respirar tranquilo hoy y vivir con orden mañana.

PARA QUE TE SOPORTES

Este es un pequeño manual que hemos elaborado, con mucho cariño, para que lo tengas en consideración la próxima vez que te dé uno de tus arranques de locura.

- ¡Di no al autosabotaje! Busca trabajo en un lugar con el que compartas ideas. No estamos diciéndote que vayas a África con Médicos sin Fronteras de un día para otro, pero sí que en tu oficina promuevan y trabajen por la igualdad, el ambiente y otras causas que defiendas.
- «♫Liiibreee, como el sol cuando amanece, yo soy libreee♫». Así eres tú, Acuario. Por eso ten en cuenta que es mejor trabajar en tu propio negocio. Si no nos creen, que le pregunten al último jefe que te quiso mandar. Eres el colaborador ideal: te comprometes y no tienes problemas en trabajar en equipo o bajo la tutela de un jefe SIEMPRE Y CUANDO (así en mayúsculas) no sea uno de esos con complejo de

dominatrix. Descuidarás tus responsabilidades por ir en contra o simplemente renunciarás.

- Tu inteligencia, percepción y asertividad te convierten en un visionario. Aprovéchalo en ti mismo y adelántate a posibles situaciones que enfrentarás en el trabajo y en la vida.

- Dicen que si uno va a soñar, tiene que hacerlo en grande, pero tampoco es para que te lo tomes tan en serio porque tú sueñas en GIGANTE. Esto puede ir muy bien o un poquito —bastante— mal. Si no logras aterrizar tus objetivos y entender que se avanza pasito a pasito hacia la meta, te estrellarás contra una pared de desmotivación.

SALUD

URANO, PLANETA DE NERVIOS

Si tus patitas van a mil por hora, Acuario, tu cabeza va a un millón. Urano se conecta con tu cerebro y representa la innovación, la originalidad y el cambio repentino. Por eso es común que tu mente ande siempre sobregirada, tu estrés suba hasta las nubes y la ansiedad tome el control de tu vida. Te deprimes cuando tus grandes sueños no se hacen realidad y, como son miles, esa sensación de frustración se acumula en tu sistema circulatorio. Déjate llevar por el poco convencional Urano y baja tus revoluciones a través de la medicina alternativa. A ti te llama lo distinto, así que inténtalo con la acupuntura, el yoga, la meditación, el tai chi o el biomagnetismo. Para probar e inspirarte, hay de sobra.

DEPORTES

Si quieren torturarte, pues que te sienten frente a la televisión a ver una jornada entera de los Juegos Olímpicos. Y, por favor, que tengan a mano un antialérgico porque la competición, la tradición, la política disfrazada de deporte y eso de seguir las reglas son cuatro formas rápidas para provocarte urticaria generalizada.

Eso sí, que no seas fan de los deportes competitivos y convencionales no significa que no te guste la actividad física. Los deportes al aire libre o acuáticos como el senderismo, el ciclismo, el surf o la natación te llenan ese espíritu indomable e independiente.

CUENTA HASTA 10, ACUARIO

Tienes tantas altas y bajas que tus cambios de humor están para inspirar la próxima montaña rusa en Disneyland. Sigue estos tips cuando sientas que tu irritabilidad esté a punto de estallar:

- Coge tus cosas y vete. Solo tú sabes lo MUCHO que necesitas tu espacio personal. No busques problemas y márchate: será mejor pedir perdón por irte que por haberles relatado hasta de lo que se iba a morir su tataranieto.
- Refúgiate en tu pensamiento galáctico y quédate con la mente en blanco, como todas las veces que te pasa naturalmente y tienen que llamarte de vuelta a la tierra.
- Acaricia un perro. Si no tienes, busca a tu amigo con perrhijo. Si tampoco tiene, cumple con tu cuota viendo millones de videos de rescates de perritos en TikTok.

TUS FRASES MÁS ARROGANTES

- Las reglas están para romperlas.
- ¿Y tú le creíste? ¡Qué ingenuo!
- Tú no eres ni mi madre ni mi padre para darme órdenes
- Mi vida, mis reglas. Y te aguantas.

LO QUE TE QUITA EL SUEÑO

Calmado por fuera, estresado por dentro. Cuando tu cabeza toca la almohada no hay más *show* que montar y puedes dejarte llevar por tu ansiedad y tu síndrome de *sobrepensaditis*. Tener una mente tan activa como la tuya viene con un precio a pagar, Acuario.

Es por eso que mientras todos duermen a ti el universo te bombardea con ideas: formas de decirle a tu jefe algo malo, pero sin que te despidan; respuestas creativas para los problemas de tus amigos; destinos nuevos a donde viajar. Eso sí, tu insomnio también puede convertirse en pesadilla cuando te pones a pensar en todos esos planes superambiciosos que no se han cumplido, lo mismo cuando maquinas cómo te cobrará el karma los errores que cometiste en el pasado.

PARA QUE TE SOPORTES

No te vamos a decir cómo hacer las cosas; tú nadas a contracorriente, ya lo sabemos. Pero si alguna vez sientes que les pareces a los demás algo marciano, fuera de este mundo, o muy excéntrico, sigue estos pasos para «parecer» más normal.

- Entre tanto proyecto y actividad nunca tienes tiempo para comidas equilibradas, eres amante de la comida callejera. Sobrevives con cualquier *snack* al que logres ponerle las manos encima. Lamentamos informarte de que la comida basura no es sostenible a largo plazo. Organízate para ir de compras una vez por semana y tener comida de sobra en casa para evitar caer en la tentación.
- Antes de dormir, apaga y desconecta todos los aparatos que tengas cerca: televisión, móvil, ordenador. Urano te hace supersensible a las radiaciones electromagnéticas y atraes todas las señales como antena parabólica.

- Puede que tu batería social se descargue con facili-
  dad y para recargarla no hay otra que organizar una
  sesión de abrazoterapia con tu familia o tus amigos.
  Abrazar a tus personas más queridas no solo será
  como conectar tu ánimo a la corriente de energía,
  sino que también fortalecerá tu sistema inmune.

RITUALES
EFECTIVOS

PARA NO SER TAN EXTREMISTA

Todo o nada. Blanco o negro. Tú, Acuario, ni el café tibio. Sea lo que sea, te tiras de cabeza. Si te gusta tu trabajo, te vuelves *workaholic*; si te animas al deporte, te conviertes en la persona más *fit* del universo; si decides ayudar a los animalitos, no donas dinero, ¡construyes un refugio! Eres experto en ponerte metas demasiado exigentes, para después sufrir en el mar de la autodecepción cuando no las cumples. Los excesos nunca son buenos, así que sigue estos pasos para ganar un poco de moderación y equilibrio.

- Levanta una pierna y quédate apoyado únicamente en la otra.
- Aplica esta postura durante tus quehaceres cotidianos: mientras te lavas los dientes, te vistes, ves la televisión o hablas por teléfono.
- Ve aumentando el tiempo que pasas en equilibrio para que primero encuentres el balance con tu cuerpo y luego lo extrapoles a toda tu vida.

PARA QUE SE ENAMORE
PERDIDAMENTE DE TI

El romance convencional que se quede en las teleno-
velas, a ti que te den un amor extravagante y único;
algo que te haga soltarte las trenzas y enamorarte como
pocas veces lo haces. Para conseguirlo sigue este ritual.

- Junta cinco cosas *random* que tengas y crea un dis-
  fraz estrafalario (una peluca divertida, un vestido de
  tu abuela, unas gafas fosforescentes... cuanto más
  extravagante, mejor). A medianoche, ponte todo lo
  que hayas elegido.
- Enciende una vela rosa.
- Sobre ti mismo, da dos vueltas a la izquierda y dos
  vueltas a la derecha y luego di en voz alta: «Universo, con este ritual invoco la energía del amor más
  extravagante y original, como este vergonzoso dis-
  fraz». Sopla la vela.

PARA QUE NUNCA ENFERMES

Urano se la tiene jurada a tu sistema circulatorio, así que no queda otra que aplicar una sesión de baile cósmico semanal para activarlo.

- Enciérrate en tu habitación.
- Busca una *playlist* que tenga las palabras *«cosmic dancing»* y súbele el volumen.
- No hay reglas; déjate llevar por la música y que sea tu cuerpo el que dicte los movimientos.
- No tendríamos necesidad de decírtelo pero, por las dudas, ahí va: que no te gane el miedo al ridículo, ¡nadie te está mirando!

OBJETO DE PROTECCIÓN

¡Qué perro guardián ni qué ocho cuartos! Si necesitas un sistema de alarma infalible consíguete un grillo. Así lo hacían algunas culturas orientales más de diez siglos atrás. Si estos insectos paraban de cantar, era anuncio de la presencia de algo o alguien, lo que les ganó su fama de protectores frente al mal. Su cantar, además, representa la transformación, los nuevos inicios y los cambios, algo que conoces de primera mano, Acuario. Por eso estos animalitos son tu talismán de la buena fortuna y protección.

Ojo, no te estamos diciendo que secuestres a un Pepito Grillo y lo tengas en tu casa, pero sí que lleves la figura de este insecto en un colgante o algún accesorio para que su energía te acompañe.

TALISMÁN

Grábate el código ALT + 9765. Es tu nueva clave para desearle buena fortuna a alguien. Al apretar estas teclas en un documento de Word o Pages te aparecerá este símbolo: ☥. Es la Anj, Ankh, cruz egipcia o cruz ansada (por el lazo que tiene en la parte superior). También es conocida como la «llave de la vida», un antiguo jeroglífico egipcio que significa vida eterna. Además, representa el equilibrio entre fuerzas contrarias u opuestas, como lo femenino y lo masculino; la vida y la muerte, etc. Este objeto es utilizado como un talismán que canaliza la buena suerte, la longevidad y la fuerza. Puedes llevarlo como un accesorio o, incluso, convertirlo en tu siguiente tatuaje.

AMULETO

A los ojazos de los búhos no se les escapa nada. Estas aves representan la sabiduría y la inteligencia pero, al estar conectados con la noche y la Luna, también se les relaciona con la intuición. Eran vistos como oráculos que daban a conocer algo que estaba oculto, ¿te suena? ¡Por algo dicen que eres el clarividente del zodiaco!

Para tener al búho como amuleto, guíate por estos colores: búho blanco significa felicidad; plateado, repele las energías negativas; marrón, estudios o trabajo; rosa, amor; amarillo/dorado/naranja, abundancia; búho de colores, cambios positivos y alegría.

Como protección para tu hogar, puedes colocarlo en lo más alto de la esquina de una habitación.

TU PRIMER ELEMENTO

A continuación, un test para saber si eres un Acuario de tomo y lomo. Una forma infalible para saber si estás alineado con tu signo solar. Cinco preguntas sobre tu personalidad que revelarán el verdadero Acuario que eres (o no):

1. Tu abuela te regala una camiseta horrorosa por tu cumpleaños. ¿La acabarás usando?

A) La llevaré cuando ella esté por casa, aunque la odie por dentro.

B) La llevaría a Cáritas al día siguiente.

C) Claro, algo haría, con unas tijeras, hilo y aguja la customizo y al final hasta me gusta.

2. ¿Alguna vez te has obsesionado por un tema fuera de los *mainstream* como los aliens o la animación japonesa de mechas de finales de los 90?

A) Alguna vez, pero cuando era adolescente.

B) Me gusta solo lo que está de moda, la verdad, no busco más allá.

C) Y tanto. Me encanta obsesionarme por cosas fuera de lo *mainstream*, soy un espíritu libre.

3. ¿Cuál es el lugar perfecto para llevarte a una primera cita?

A) La playa o la piscina, divertido y tranquilo.

B) Una cena en un italiano.

C) Un museo, una exposición que haga que me plantee cosas nuevas.

4. ¿Es fácil ganarse tu confianza?

A) Depende de la persona..., pero no es DEMASIADO fácil. Diría que estoy en el equilibrio perfecto, modestia aparte.

B) Claro, soy un amor y me encanta tener amigos.

C) La verdad es que no, tiendo a ser desconfiada y tengo una coraza bastante gruesa. De todas formas, una vez lo consigas ya tienes mi confianza para siempre.

5. ¿Alguna vez te han llamado la atención por ser demasiado directa?

A) Alguna vez, pero aprendo de mis errores.

B) No, miro mucho mis palabras porque no me gusta dañar a las personas.

C) Sí, muchas veces. Me cuesta ver cuando tengo que dulcificar una opinión para no herir a la gente.

RESULTADOS

A: Eres tan poco Acuario que deberías recibir un premio de consolación.

B: Te gusta mucho no salirte de la norma y eso es muy poco Acuario por tu parte.

C: Si buscamos en el diccionario la definición de Acuario sale tu foto. Eres creativa, original, intelectualmente estimulante y muy divertida, aunque no para todo el mundo. Hija, es que eres única.

TU SEGUNDO ELEMENTO

Es posible que hayas nacido Acuario, pero todas las variables de tu carta astral te hacen tener matices que no te cuadran con algunas descripciones de tu signo. «Ya decía yo que todo esto no es cierto, me engañaron, esto se lo inventaron...». ¡PARA! Respira. Lo que queremos decir es que es posible que tu personalidad tenga influencias de otros elementos y eso significa que no todo es blanco o negro a la hora de ser humano, y esta prueba te puede ayudar a conocerte mejor, saber cuáles son esas pizcas de los otros elementos que te hacen único y también te ayudan a entender de dónde salen esas actitudes rígidas y controladoras, pero que son tan naturales en ti. Acuario, ya sabes que siempre andas por las nubes y que hacerte pisar tierra es casi una misión imposible. Te lo dice el aire, tu elemento, pero ¿sabes si tienes otro que también influencia tu vida o eres pura ráfaga de viento?

Esta prueba está diseñada para que evalúes la porción que tienes de cada elemento y puedas equilibrar lo que te gusta y lo que no te gusta; averiguar de dónde salen esas reacciones tan poco acuarianas o, por el contrario, confirmar que eres aire hasta la médula. Asigna un punto por respuesta positiva. Y si no eres ni uno ni otro, pues asigna medio punto por respuesta.

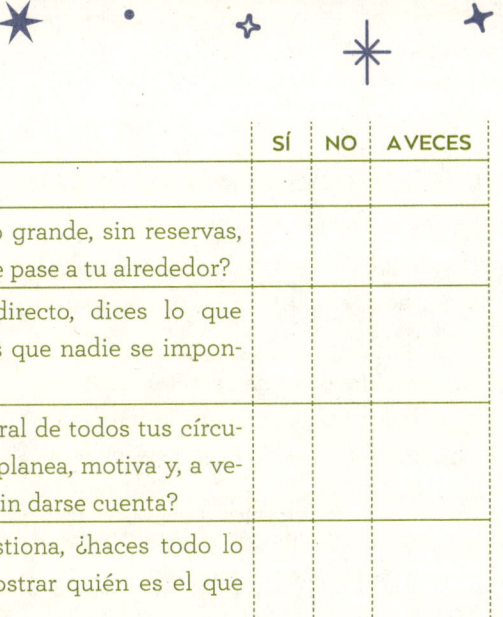

	SÍ	NO	A VECES
FUEGO			
¿Vives la vida a lo grande, sin reservas, sin importar lo que pase a tu alrededor?			
¿Eres auténtico, directo, dices lo que piensas y no dejas que nadie se imponga sobre ti?			
¿Eres el líder natural de todos tus círculos por ser el que planea, motiva y, a veces, manda hasta sin darse cuenta?			
Si alguien te cuestiona, ¿haces todo lo posible para demostrar quién es el que manda?			
¿Es inevitable para ti pensar que tu felicidad es lo más importante del «mundo mundial» y todo lo que se interponga entre tu felicidad y tú debe ser eliminado?			
Cuando hablas, ¿tienes un impulso descontrolado y dices todo lo que se te pasa por la cabeza sin pensar en las consecuencias?			
TIERRA			
¿Tus acciones son gobernadas por la lógica y no permites que los sentimientos interfieran en tus decisiones?			
¿Tienes síndrome del árbol? (Quieres sentarte en la misma silla, ordenar las cosas de igual manera en todos tus asuntos, es difícil pensar en una mudanza o en cambios drásticos repentinos.)			

	SÍ	NO	A VECES
¿Te gusta más tener un recuerdo físico y palpable que una loca experiencia?			
¿Estás apegado a tus pertenencias y podrías dedicarte a ser un coleccionista profesional?			
¿La disciplina es una característica fundamental para tener éxito en cualquier aspecto de la vida? (Hasta para la diversión creas reglas.)			
¿Podrías anteponer tu bienestar laboral a tu vida personal o tus gustos?			
AGUA			
¿Tus sentimientos mandan en tu vida? (Mejor dicho, ¿eres *drama queen?*)			
¿Piensas que nadie puede entender lo profundo de tus sentimientos?, ¿que los demás no sienten igual?			
¿Te es más fácil llorar que anudarte los cordones de los zapatos?			
Y aun con lágrimas en los ojos, ¿sientes que puedes con todo y que nada puede destruirte?			
A la hora del amor, ¿eres un romántico empedernido y tu pareja se convierte en el centro de tu vida?			
¿La palabra *infidelidad* te suena rarísima y no sabes ni siquiera cómo alguien puede pensar en otra persona que no sea su pareja?			

	SÍ	NO	A VECES
AIRE			
¿Tu gran pasión está en cómo puedes decir o entender todo lo que pasa a tu alrededor?			
¿Eres el alma de la fiesta y respiras vida social?			
¿Calculas todo, piensas demasiado y, muchas veces, esos pensamientos no llegan a concretarse?			
¿Puedes mantener una conversación de lo que sea, con quien sea, sin ningún tipo de problema?			
¿Solamente pensar en que vas a estar en el mismo lugar durante mucho tiempo te pone la piel de gallina y sientes horror?			
Cuando hablas con personas, ¿a menudo te dicen que se sienten comprendidas?			

¿Cuál fue tu mayor puntuación? Suma los puntos y descubre tu resultado en las siguientes páginas.

RESULTADOS

Mayoría de fuego

Tu aire no hace más que avivar el fuego; una combinación sin límites que, así como es poderosa, también es bastante peligrosa. Cuidado con pasarte de la raya y transformarte en una bola de fuego que surca por los aires. Tu personalidad fuerte se compara con el sol: a veces calientas y otras quemas. El fuego encendido puede contrarrestar tus idas y vueltas acuarianas. Te gusta vivir al límite y te concentras con tanta intensidad en lo que quieres que muchas veces actúas sin siquiera percatarte de lo que pasa a tu alrededor.

Los signos de fuego son: Aries, Leo y Sagitario.

Mayoría de tierra

Qué bien que tengas un poquito de tierra, porque andar volando por los aires toda la vida puede ser sinónimo de andar persiguiendo causas perdidas, y ya sabemos que para rebelarte contra el sistema eres el número uno. Tu carácter es fuerte y sólido; a ti no se te pasan tan rápido los problemas. En la cama eres un todoterreno: pasas de la ternura al sexo experimental. Eres estable y disciplinado, algunos dirían que cuadrado o terco. Quieres que te dejen ser libre, pero a la vez puede no gustarte que tu otra mitad haga lo mismo. Y es que lo tuyo, es tuyo.

Los signos de tierra son: Tauro, Virgo y Capricornio.

Mayoría de agua

Vas por la vida dejándote fluir: si al aire o al agua les das un centímetro, se cuelan por cualquier recoveco. Pero que no se confundan, no es que seas moldeable ni voluble, es que eres adaptativo. Las emociones manejan la montaña rusa de tu vida. No importa si vas para arriba con la alegría o el amor o para abajo con la frustración y la tristeza, todo lo sentirás con mucha intensidad y siempre haces lo que te dice el corazón —incluso si se trata de planear la más fría de las venganzas—. Tus reacciones pueden ser en extremo dramáticas cuando involucran sentimientos, pero siempre vuelves a tu centro transparente, cambiante, resistente y leal.

Los signos de agua son: Cáncer, Escorpio y Piscis.

Mayoría de aire

Eres un tornado que lo revuelve todo: quieres aprovechar el día al máximo, pero a la vez dormir hasta tarde; arreglar los problemas ajenos, pero no decidir qué hacer con los tuyos. Probar, experimentar y elegir TODAS las posibilidades es lo que te llama. Eso sí, tener tantas cosas en la cabeza al mismo tiempo hace que andes por las nubes y te cueste concentrarte en una sola. Tienes un posgrado en socializar y puedes ponerte en los zapatos de cualquiera. Necesitas espacio y aire para no ahogarte. La vida es una sola y no da para aburrirse por nada ni nadie. Eres el más rápido pasando la página, los traumas duran lo que te acuerdes, que más bien es poco.

Los signos de aire son: Géminis, Libra y Acuario.

Querido Acuario, después de todo lo que hemos dicho en este libro, de cómo hemos descrito y desvelado los más íntimos secretos de tu personalidad (eso que ni a ti te gusta admitir o que no habías notado de manera consciente), creemos que esta prueba te ha enseñado que no debes ser tan inflexible con los extremos, sino que hay una enorme escala de grises en medio. Las variables de tu carta astral, que aquí te hemos mostrado, harán que cada vez te conozcas más y que estés preparado para todo en esta vida.

Ya que has sobrevivido a esta cantidad desproporcionada de verdades sin adornos, piensa en este libro como un manual de consulta al que puedes volver cada vez que se te olvide lo intrépido, libre, impredecible, visionario, rebelde y extremista que eres. Si estás al corriente del zodiaco, seguro que te gustará conocer más de tu ascendente, tu luna, y cómo entender los pedazos que no te cuadran del todo. Si es así, no dudes en consultar los otros signos para acabar de soportarte a ti mismo.

GLOSARIO

Planeta regente, Mercurio retrógrado, signo ascendente...
Respira hondo y no te desesperes. Hemos preparado un
glosario para que entiendas mejor los términos.

Signo solar

El que le preguntas a tu *crush* y que siempre consultas en
el horóscopo. Se define teniendo en cuenta en qué constelación se encontraba el Sol, el día y mes en que naciste.

Carta astral

Es la «foto» de cómo estaba el cielo aquel preciso instante
en el que naciste. Con ella conocerás la posición exacta de
los planetas: tu signo solar, tu ascendente y descendente,
así como características únicas.

Signo ascendente

Representa la forma en la que te acercas a la vida y cómo
te perciben los demás. Se define teniendo en cuenta qué
signo asomaba por el horizonte al momento de nacer. Para
saber cuál es el tuyo necesitas tu carta astral.

Signo descendente

Tu signo descendente —al ser el opuesto a tu ascendente— representa a tu posible compañero de vida. Calcúlalo de forma fácil: están a seis signos de distancia uno del otro. Conocerlo te ayudará a entender mejor a tu pareja y lo que buscas o encontrarás en ella.

Mercurio retrógrado

Este fenómeno se da cuando este planeta pareciera quedarse quieto e ir en retroceso, en «retrogradación». Y como Mercurio es el responsable de la comunicación, los malentendidos y desacuerdos están a la orden.

Planeta regente

Cada signo del zodiaco vibra de forma particular con un planeta del sistema solar o sus astros, y esa afinidad energética es la que define el planeta correspondiente a tu signo.

Elementos

La tierra, el fuego, el aire y el agua son los cuatro elementos de la astrología y cada signo del zodiaco está relacionado con uno de ellos. Los signos de tierra son cuadrados y confiables. Los de fuego son pura chispa, y con energía. Los signos de aire son visionarios y rápidos de pensamiento; y los de agua destacan por su intuición y sensibilidad.